파릇파릇 성장하는 나

NE 능률

여러분을 응원합니다!

따뜻한 글을 쓴 선생님이……

이현정 따라 쓰는 과정에서 자연스럽게 좋은 습관과 생각이 자라날 거예요.

김서나경 마음은 알아채기 어려워요. 이 책이 나도 모르는 내 마음을 쉽게 이해하도록 도와줄 거예요.

왕입분 새로운 세상을 배우고, 친구들과 함께 웃으며, 매일매일 즐거운 추억을 만들어 보세요.

재기 발랄한 그림을 그린 선생님이……

루루 학교생활이 재밌고 즐거운 추억으로 가득 채워지길 바라요.

명하나 마음을 가만히 들여다봐요. 내 마음도 다른 사람의 마음도 잘 살피는 다정한 사람이 되길 바라요.

혜경 가끔은 자신이 마음에 안 들 때도 있지. 그럼 어때. 항상 좋을 수는 없잖아. 자기 자신을 사랑해 봐!

유현진 오늘의 작은 일들이 모여 자신을 조금씩 더 멋진 사람으로 만들어 줄 거예요!

김경진 다른 사람과 함께 걷는다는 것은 때론 신나고 때론 기다림을 배우는 시간이 될 거예요.

지효진 책을 읽고 학교생활을 하며 사회성을 쑥쑥 키우길 바랍니다.

정희정 지금의 너처럼, 우리의 마음이 자라면 세상도 더 넓어질 거야.

윤희재 여러분의 꿈이 한 뼘 더 자라게 될 테니 자신 있게 나아가 봐요.

이 책을 기획한 선생님이……

NE 초등마음연구회 글은 마음의 거울이래요. 이 책에 담는 정성만큼, 여러분의 마음도 예쁘게 자랄 거예요.

머리말

최근 우리 아이들은 또래 관계, 과도한 학습 경쟁, 인성 교육의 부재 등으로 정서적 어려움을 겪고 있습니다. 이런 아이들의 마음을 행복하게 하고 건강한 사회의 구성원이 되도록 도와주기 위해서는 무엇이 필요할까요?

교육부에서는 2025년부터 사회정서교육을 도입하고 있습니다. 이 교육은 자기 이해, 자기 관리, 타인 이해, 대인 관계, 책임 있는 의사 결정의 5대 핵심 역량을 증진하는 데 목적이 있습니다. 사회정서교육을 통해 아이들의 마음 건강에 도움을 주고, 행동 문제를 예방하고자 하고 있습니다.

쓱쓱싹싹은 사회정서교육의 핵심 역량을 아이들이 공감할 수 있는 이야기에 담아 표현했습니다. 아이들이 직접 겪어 볼 수 있는 일화가 담긴 글을 읽으며 글 안에 담겨 있는 사회정서의 핵심 역량을 스스로 찾고 생각하며 마음에 새길 수 있도록 하였습니다.

특히 책의 내용을 마음에 새기는 데 효과적인 활동인 '따라쓰기'를 활용하여, 아이들이 생각해 볼 만한 부분을 원고지에 직접 따라 쓰도록 구성하였습니다.

▲ **쓱쓱싹싹** 시리즈

쓱쓱싹싹을 통해 사회정서의 핵심 역량을 담은 글을 읽으며 마음을 치유하고, 이를 따라 쓰며 그 내용을 마음에 새겨 보세요. 쓰기 자신감이 향상되는 효과도 함께 얻을 수 있습니다.

이제 우리의 마음을 따뜻하게 할 이야기들과 만날 준비가 되셨나요?

이 책의 활용법

이 책은 '성장'에 관한 사회정서 주제를 중심으로, 이야기를 읽고 따라 쓰며 생각과 마음을 함께 키울 수 있도록 구성되어 있어요. 다양한 주제의 이야기를 읽으면서 문해력을 키우고, 주제에 맞는 내용을 따라 쓰면서 올바른 쓰기 습관을 길러 보세요. 낱말 놀이를 통해 어휘력도 함께 성장시킬 수 있어요.

다음 순서로 활용해 보세요.

01 오늘의 주제를 확인하고, 이야기를 천천히 읽어요.

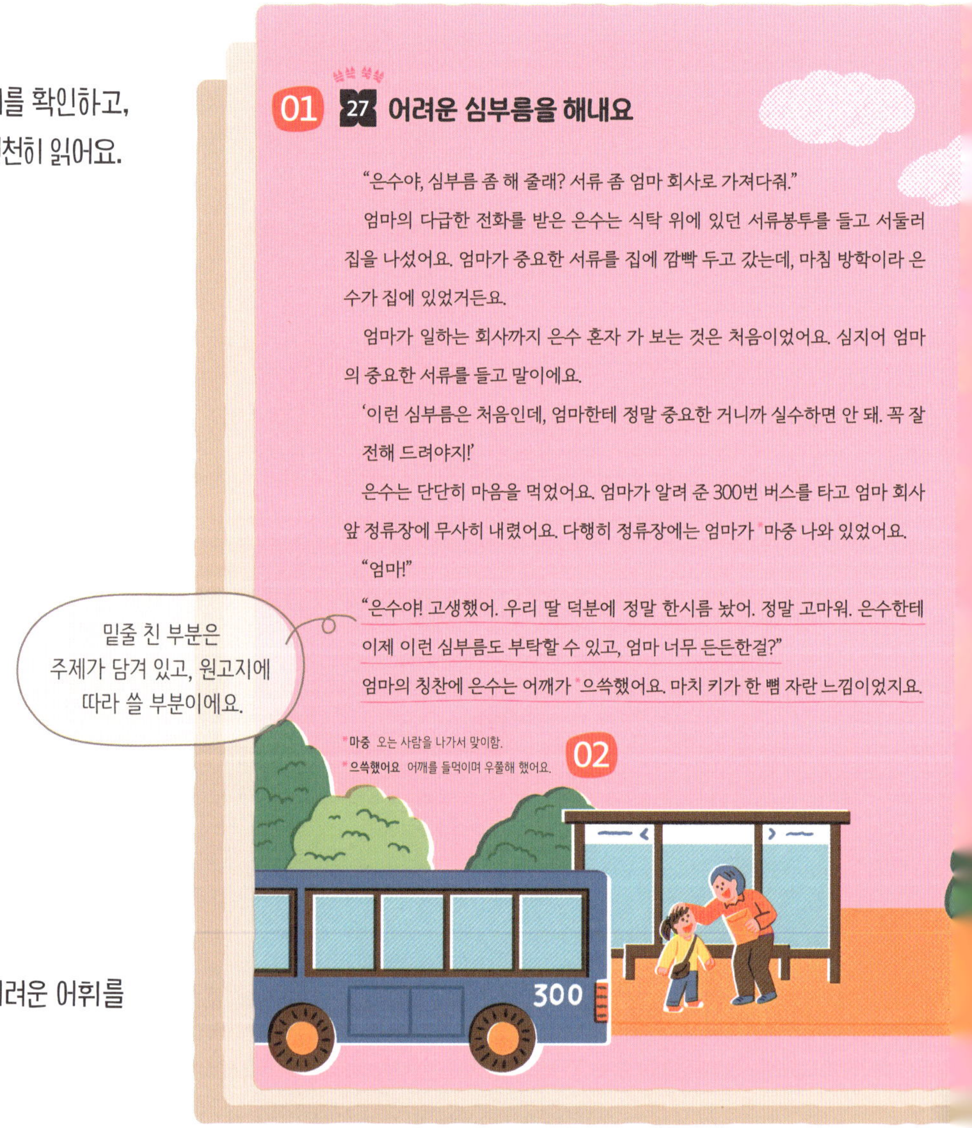
01 쓱쓱 싹싹 27 어려운 심부름을 해내요

"은수야, 심부름 좀 해 줄래? 서류 좀 엄마 회사로 가져다줘."

엄마의 다급한 전화를 받은 은수는 식탁 위에 있던 서류봉투를 들고 서둘러 집을 나섰어요. 엄마가 중요한 서류를 집에 깜빡 두고 갔는데, 마침 방학이라 은수가 집에 있었거든요.

엄마가 일하는 회사까지 은수 혼자 가 보는 것은 처음이었어요. 심지어 엄마의 중요한 서류를 들고 말이에요.

'이런 심부름은 처음인데, 엄마한테 정말 중요한 거니까 실수하면 안 돼. 꼭 잘 전해 드려야지!'

은수는 단단히 마음을 먹었어요. 엄마가 알려 준 300번 버스를 타고 엄마 회사 앞 정류장에 무사히 내렸어요. 다행히 정류장에는 엄마가 *마중 나와 있었어요.

"엄마!"

"은수야! 고생했어. 우리 딸 덕분에 정말 한시름 놨어. 정말 고마워. 은수한테 이제 이런 심부름도 부탁할 수 있고, 엄마 너무 든든한걸?"

엄마의 칭찬에 은수는 어깨가 *으쓱했어요. 마치 키가 한 뼘 자란 느낌이었지요.

*마중 오는 사람을 나가서 맞이함.

*으쓱했어요 어깨를 들먹이며 우쭐해 했어요.

02

02 이야기 속 어려운 어휘를 살펴보아요.

03 밑줄 친 부분을 다시 읽고, 원고지에 따라 써요.

04 오늘 느낀 내 마음을 한 줄 일기로 써요.

05 각 장이 끝나면, 낱말 놀이를 하며 어휘력을 키워요.

밑줄 친 부분을 쓱쓱 따라 써 봐요 03 읽고 쓴 날 월 일

"은수야! 고생했어.
우리 딸 덕분에 정말
한시름 놨어. 정말 고
마워. 은수한테 이제
이런 심부름도 부탁할
수 있고, 엄마 너무
든든한걸?"
엄마의 칭찬에 은수는
어깨가 으쓱했어요. 미치
키가 한 뼘 자란 느낌
이었지요.

한 줄 일기를 쓰기 쑥쑥 마음을 키워요 04

나도 심부름을 잘해서 부모님을 잘 도와드려야겠다.

* 정답은 마지막 페이지에서 확인할 수 있어요.

쓱쓱 따라 쓰는 한 줄 한 줄 속에서
마음은 단단해지고
생각은 자라납니다.
읽고, 쓰고, 생각하는 과정을 통해
사회정서의 힘을
쑥쑥 성장시켜 보세요.

차례

1장 세상을 보는 눈을 키워요

01 책을 통해 세상을 알아요 08
02 다른 나라 언어를 배워요 10
03 우리나라 역사를 알아요 12
04 다른 나라 시장을 구경해요 14
05 열기구 타기에 도전해요 16
낱말 놀이 18

2장 나는 할 수 있어요

06 봉사 활동에 참여해요 20
07 무거운 것을 들 수 있어요 22
08 길을 찾을 수 있어요 24
09 집안일을 도울 수 있어요 26
10 용돈을 모아 선물을 샀어요 28
낱말 놀이 30

3장 결정을 내리고 책임질 수 있어요

11 할 일 목록을 정해요 32
12 내가 한 행동에 책임을 져요 34
13 더 나은 결정을 해요 36
14 옳다고 생각하는 일을 해요 38
15 사실대로 말해요 40
낱말 놀이 42

4장 무엇이든 할 수 있어요

16 안 될 거라고 생각하지 않아요 44
17 작은 행동이 큰 변화를 만들었어요 46
18 할 수 있다는 믿음을 가져요 48
19 힘든 일에도 좋은 점은 있어요 50
20 다음에는 더 잘할 수 있어요 52
낱말 놀이 54

5장

스스로 계획하고 실천해요

21 계획표를 만들고 실천해요 56
22 매일 조금씩 실력이 자라요 58
23 할 일을 미루지 않아요 60
24 용돈은 계획적으로 써요 62
25 중요한 것부터 해요 64
낱말 놀이 66

6장

처음이지만 용기 내서 해 봐요

26 내가 먼저 다가가요 68
27 어려운 심부름을 해내요 70
28 떨리지만 용기를 내요 72
29 두려웠지만 해냈어요 74
30 넘어져도 다시 일어나요 76
낱말 놀이 78

7장

실패해도 괜찮아요

31 실패할 수도 있어요 80
32 실패를 통해 배워요 82
33 노력이 중요해요 84
34 목표를 달성하지 않아도 괜찮아요 86
35 멈추지 않고 끝까지 달려요 88
낱말 놀이 90

8장

어려운 일을 해내서 기뻐요

36 나만의 방법으로 해내요 92
37 서투르고 어려워도 노력해요 94
38 끈기 있게 해 봐요 96
39 친구들과 힘을 모아요 98
40 목표를 달성해요 100
낱말 놀이 102

원고지 쓰는 방법

원고지에 글을 쓸 때는 방법을 알아야 해요. 원고지에 글을 쓰면 글씨를 바르게 쓰는 방법, 띄어쓰기 등도 함께 익힐 수 있어요.

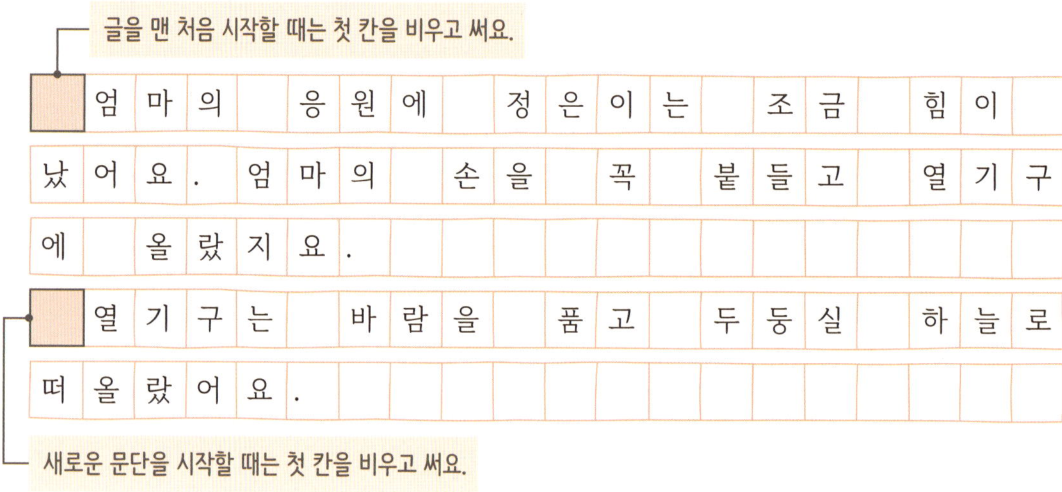

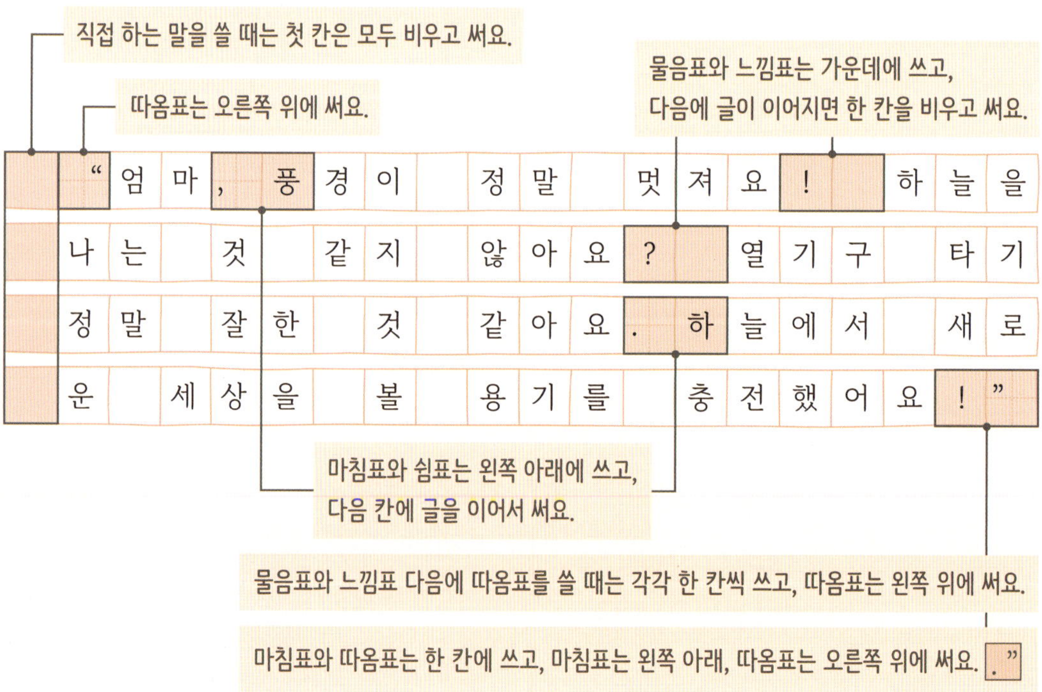

1장

세상을 보는 눈을 키워요

01 책을 통해 세상을 알아요

"이번 방학에는 세계여행을 가자!"

아빠의 말씀에 나는 신이 났어요.

"정말요? 어디부터 가죠?

프랑스? 독일?"

나는 서둘러 커다란 여행 가방을 꺼내 왔어요.

"아들, 가방은 왜 꺼내?"

"짐 싸야죠! 비행기 타러 갈 거잖아요.

아, 여권도 챙겨야지!"

아빠는 웃으며 고개를 저으셨어요.

"하하, 이번 세계여행은 짐이 필요 없어."

그러더니 아빠는 책을 한 *아름 들고 오셨어요.

"짠! 책 속으로 세계여행을 떠나 보자!"

"…… 네?"

아빠는 책을 읽으며 세계 여러 나라를 만날 수 있다고 하셨어요. 책 속에는 정말로 세계 여러 나라의 풍경과 문화, 사람들이 살아가는 이야기가 가득했어요. 비행기를 타지 않고도 세계 곳곳을 누빌 수 있었어요.

"아빠 말이 맞지? 책을 읽으면 어디든 갈 수 있고 무엇이든 배울 수 있어."

나는 왠지 아쉬워서 입을 *삐죽였어요.

"잘 있어, 내 여권아. 다음에 진짜 여행 갈 때 다시 꺼내 줄게."

***아름** 두 팔을 둥글게 모아서 만든 둘레의 길이를 나타내는 단위.

***삐죽였어요** 비웃거나 언짢거나 울려고 할 때 소리 없이 입을 내밀고 실룩였어요.

밑줄 친 부분을 쓱쓱 따라 써 봐요

읽고 쓴 날 월 일

한 줄 일기를 쓰고 쑥쑥 마음을 키워요

02 다른 나라 언어를 배워요

재준이네 가족은 중국에 사는 엄마의 친구를 만나러 중국으로 여행을 갔어요. 중국 공항에 도착하니 엄마 친구와 아들이 마중을 나와 있었어요. 그런데 재준이는 낯선 중국어 소리에 얼어붙어 엄마 뒤로 숨기만 했어요.

"재준아, 인사해야지. '니하오.'라고 하면 돼."

재준이는 얼굴이 사과처럼 빨개졌지만 용기를 냈어요.

"니, 니하오!"

그러자 옆에 있던 중국인 친구가 활짝 웃으며 말했어요.

"니하오! 안녕하세요. 환영해요!"

중국인 친구가 한국말로 인사를 해 주었어요. 중국인이 한국어로 인사를 해 주어서 재준이는 큰 감동을 받았어요.

한국으로 돌아오는 비행기 안, 재준이는 *결심했어요.

"나도 중국어 배울래!"

집에 돌아온 재준이는 중국어 회화책을 보고, 유튜브도 보며 중국어 공부를 했어요. 점점 아는 중국어가 많아졌지요.

"음, 니, 니하오. 워 스 한구어런……"

엄마가 중국어로 *잠꼬대하는 재준이를 보며 고개를 저으시네요.

"얘 또 꿈속에서 중국 갔네. 여권도 없이 중국에 몇 번을 가는 거니?"

*결심했어요 어떻게 하기로 굳게 마음을 정했어요.

*잠꼬대하는 잠을 자면서 자기도 모르게 하는 헛소리를 중얼거리는.

밑줄 친 부분을 쓱쓱 따라 써 봐요 읽고 쓴 날 월 일

한 줄 일기를 쓰고 쑥쑥 마음을 키워요

03 우리나라 역사를 알아요

주말에 가족과 함께 경복궁에 놀러 간 민석이는 깜짝 놀랐어요. 생각했던 것보다 훨씬 사람이 많았어요. 특히 외국인이 많았지요.

민석이는 *웅장한 건물들을 구경하며 사진을 찍었어요. 옆에서 같이 사진을 찍던 동생이 물었어요.

"형, 경복궁은 누가 지은 거야?"

"아, 글쎄……."

"그럼 지은 지는 오래 됐어? 언제 지었어?"

민석이는 아무 말도 못 했어요. *제대로 알고 있는 게 없었거든요. 동생이 물었는데 답을 못 해서 더 창피한 마음이 들었어요.

집으로 돌아온 민석이는 경복궁과 관련된 역사를 찾아보았어요. 알면 알수록 몰랐던 게 부끄러웠어요. 우리나라의 역사인데 잘 모르고 있었으니까요.

'1395년 조선 태조 이성계 때 지어졌구나. 임진왜란 때 불에 타서 없어졌다가 고종 때 다시 지었고…….'

며칠 뒤, 민석이는 동생에게 경복궁에 대해 설명해 주었어요. 그리고 앞으로도 내가 살고 있는 내 나라의 역사를 잘 알아 두어야겠다고 다짐했어요.

*웅장한 크기나 분위기 등이 무척 크고 무게가 있는.

*제대로 올바른 격식이나 기준, 모양대로.

밑줄 친 부분을 쓱쓱 따라 써 봐요

읽고 쓴 날 월 일

한 줄 일기를 쓰고 쑥쑥 마음을 키워요

04 다른 나라 시장을 구경해요

"우아! 어마어마하다!"

태호는 입이 떡 벌어졌어요. 가족들과 태국 여행 중에 짜뚜짝 시장에 갔는데, 시장이 정말 컸거든요. 게다가 처음 보는 것들로 가득했고요.

찰랑거리는 코끼리 무늬 바지, 기묘하게 생긴 코끼리 인형과 열쇠고리, 태국 사람들은 코끼리를 정말 좋아하나 봐요. 그리고 진짜 코코넛에 담긴 코코넛 주스, 파란색 열대 과일 아이스크림까지, 먹는 것도 빠질 수 없어요.

태호는 시장 구경하느라 시간 가는 줄 몰랐어요. 다른 나라 시장은 우리나라 시장과는 또 다른 재미가 있었거든요. 파는 물건도 다르고, 파는 음식도 다르고, 물건을 사는 돈 *단위도 다르니까요. 태호는 새로운 경험에 흠뻑 빠졌지요.

"태호야, 이제 그만 가자."

"조금만 더 보고 가요. 십 분만 더요. 네?"

다른 나라 문화에 푹 빠진 태호 덕분에 태호네 가족은 한참이나 시장에 발이 묶이고 말았답니다. 아빠는 시계를 보고, 엄마는 부채질을 하며 태호를 보는데, 엄마의 *눈초리가 매서운데요?

***단위** 미터, 리터, 그램과 같이 길이, 양, 무게 등을 수로 나타낼 때 기초가 되는 기준.

***눈초리** 어딘가를 향해 보는 눈빛.

밑줄 친 부분을 쑥쑥 따라 써 봐요

읽고 쓴 날 월 일

한 줄 일기를 쓰고 쑥쑥 마음을 키워요

05 열기구 타기에 도전해요

정은이는 가만히 있고 싶었지만 커다란 *열기구 앞에 서니 온몸이 저절로 떨렸어요.

"엄마, 제, 제가 이걸 탈 수 있을까요?"

"물론이야. 우리 정은이 넓고 활기찬 세상을 보고 싶다고 했지? 새로운 세상을 보는 것은 두렵기도 하지만, 그 두려움에 눈을 감으면 결국 새로운 세상을 보지 못하게 된단다. 자, 엄마 손 꽉 잡아!"

엄마의 응원에 정은이는 조금 힘이 났어요. 엄마의 손을 꼭 붙들고 열기구에 올랐지요.

열기구는 바람을 품고 두둥실 하늘로 떠올랐어요. 정은이는 눈을 꼭 감았어요. 심장은 두근두근, 손은 식은땀 범벅이 되었어요.

정은이는 조심스럽게 눈을 떴어요. 파란 하늘, 하얀 구름, 초록 수풀이 *한눈에 들어왔어요.

"우아!"

정은이는 하늘에서 보는 풍경이 너무 근사해서 넋을 놓고 바라보았어요. 그리고 생각했답니다.

'해 보길 진짜 잘했다. 하늘에서 새로운 세상을 볼 용기를 충전했어.'

*열기구 큰 주머니 속의 공기에 열을 가해 부피를 커지게 하여 떠오르게 만든 기구.

*한눈 눈으로 한 번에 볼 수 있는 범위.

밑줄 친 부분을 쑥쑥 따라 써 봐요

읽고 쓴 날 월 일

한 줄 일기를 쓰고 쑥쑥 마음을 키워요

쑥쑥쑥쑥 낱말 놀이

사다리를 타며 낱말을 찾아봐!

다음은 어떤 낱말의 뜻인지 사다리를 타고 내려가 확인해 보세요.

2장

나는 할 수 있어요

쓱쓱 싹싹

06 봉사 활동에 참여해요

유준이는 *유기견 보호 센터에 봉사 활동을 하러 왔어요.

"유준아, 자! 바닥에 똥부터 치우면 돼."

엄마가 유준이 손에 빗자루를 쥐여 주며 할 일을 일러 주셨어요. 유준이는 조심조심 강아지 똥을 치우기 시작했어요. 냄새 때문에 힘들었지만, 강아지들이 지내는 공간이 깨끗해지자 기분이 좋아졌어요. 그런데 유준이가 갑자기 소리를 질렀어요.

"으악! 또, 또, 똥 밟았어! 엄마!"

*울상이 된 유준이에게 강아지 한 마리가 꼬리를 살랑살랑 흔들며 다가왔어요. 유준이 신발에 얼굴을 비비고, 풀어진 신발 끈을 물고 가다가 넘어지기도 했어요.

"헤헤, 귀여워. 내 신발에서 향기로운 냄새라도 나니? 으악, 웩."

유준이는 똥 밟은 신발을 자기 코에 갖다 대고는 깜짝 놀랐어요.

"저 바보. 너답다, 너다워."

엄마가 유준이를 나무라는 듯 말씀하셨지만 얼굴에는 흐뭇한 미소를 지으셨어요. 깨끗해진 센터를 보며 유준이 얼굴에도 미소가 번졌어요. 도움이 필요한 곳에 자신의 노력으로 힘을 보탠다는 것이 이렇게 기분 좋은 일일 줄 몰랐지요.

*유기견 키우다 내다 버린 개.

*울상 울려고 하는 얼굴 표정.

밑줄 친 부분을 쓱쓱 따라 써 봐요

읽고 쓴 날 월 일

한 줄 일기를 쓰고 쑥쑥 마음을 키워요

07 무거운 것을 들 수 있어요

"할머니!"

"아유, 우리 *똥강아지 왔니?"

현정이는 활짝 열린 할머니 품에 쏙 안겼어요.

할머니는 바구니 가득 옥수수를 따셨어요. 그러고는 옥수수가 잔뜩 담긴 바구니를 들어 올리려고 하셨죠.

"할머니, 제가 들어 드릴게요."

"현정이가? 이 무거운 걸?"

"똥강아지의 힘을 보여 드리겠습니다! 으라차차!"

그런데 바구니가 생각보다 무거웠어요. 팔은 덜덜 떨리고 다리는 후들거렸지요. 그래도 이를 악물고 안 무거운 척 씩 웃었어요. 그런데 그때, 현정이가 그만 뿡 하고 방귀를 *뀌고 말았어요. 할머니는 크게 웃으셨어요.

"헤헤. 제가 할머니 도와드리려고 힘 좀 썼습니다!"

"그래그래, 우리 똥강아지. 대단하네! 할머니도 도와주고 다 컸네, 다 컸어."

현정이는 할머니의 칭찬에 어깨가 으쓱했어요. 할머니 대신 무거운 짐을 들어 드릴 수 있는 것도 좋았고요. 다 컸다는 이야기를 듣는 것도 좋았지요.

"근데 방귀로 할머니 웃겨 드린 건 비밀로 해 주세요."

* **똥강아지** 어린 자식이나 손주에게 애정을 담아 귀엽게 이르는 말.

* **뀌고** 방귀 따위를 몸 밖으로 내어보내고.

밑줄 친 부분을 쓱쓱 따라 써 봐요

읽고 쓴 날 월 일

한 줄 일기를 쓰고 쑥쑥 마음을 키워요

08 길을 찾을 수 있어요

지호네 반은 갯벌로 현장 체험 학습을 왔어요. 친구들과 신나게 갯벌 체험을 하고 난 뒤 자유 시간이 주어졌어요. 지호는 친구들과 마을에서 유명하다는 빨간 등대에 가 보기로 했어요.

그런데 등대를 찾아가는 길이 조금 헷갈렸어요. 친구들은 잠시 서서 지도를 보며 고개를 갸웃거렸어요. 함께 지도를 살펴보던 지호는 이내 길을 알겠다는 듯 말했어요.

"음, 지금 여기니까, 여기서 오른쪽 길로 가면 되는 것 같아."

지호는 *앞장서 걸었어요. 지호 말대로 오른쪽으로 가다 보니 길 안내 표지판이 보였어요. 표지판에서 등대 위치를 다시 확인하고 조금 더 걷다 보니 멀리 빨간 등대가 보이기 시작했어요.

"우아, 찾았다!"

"*길잡이 지호 덕분에 등대를 찾았어!"

지호와 친구들은 두 팔을 번쩍 들며 기뻐했어요. 처음 가 보는 낯선 장소였는데도 지도를 보고 길을 찾아내다니 지호 자신도 뿌듯한 마음이 들었답니다.

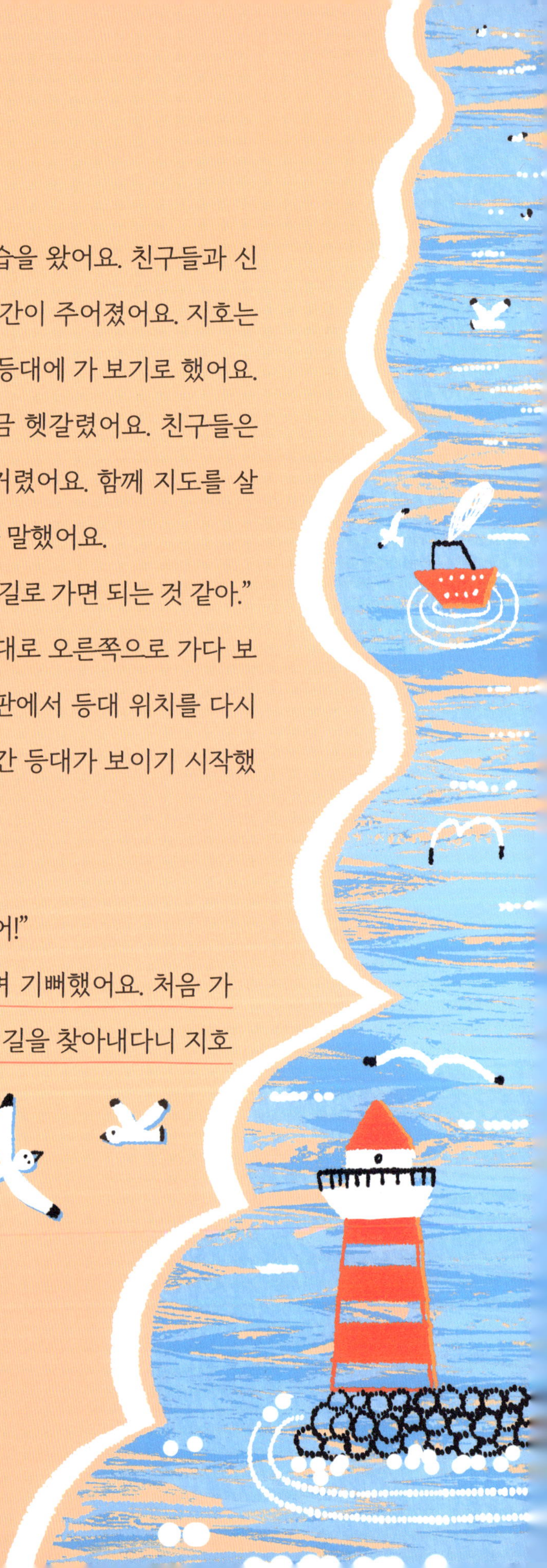

*앞장서 무리의 맨 앞에 서.

*길잡이 길을 인도해 주는 사람이나 사물.

밑줄 친 부분을 쓱쓱 따라 써 봐요

읽고 쓴 날 월 일

한 줄 일기를 쓰고 쑥쑥 마음을 키워요

09 집안일을 도울 수 있어요

"콜록콜록! 현진아, 미안. 오늘은 엄마가 좀 쉬어야겠어."

현진이는 감기에 걸린 엄마가 걱정됐어요.

"엄마, 오늘은 제가 아픈 엄마를 대신해 볼게요. 그러니 아무 걱정하지 말고 푹 쉬세요."

현진이는 먼저 청소기부터 꺼냈어요. 집 안 구석구석을 돌며 깨끗이 청소를 했어요. 청소기가 무거워 힘들었지만 현진이는 힘을 냈어요.

청소를 마친 현진이는 편의점에 갔어요. 죽과 김밥을 하나씩 샀지요. 죽은 전자레인지에 따뜻하게 데워 엄마께 드렸어요.

"콜록! 어머, 현진아. 고마워. 어떻게 이걸……."

"엄마, 많이 아프세요? 이렇게 많은 *집안일을 제가 함께 하지 않아서 죄송해요. 엄마, 제가 또 뭐 할까요? 세탁기 돌리기? 걸레질하기? 설거지? 저도 얼마든지 집안일을 할 수 있어요!"

아픈 엄마를 보며 현진이는 *다짐했어요. 앞으로는 이렇게 힘든 집안일을 함께 하겠다고 말이에요.

"우리 현진이, 엄마가 아프니까 효자가 됐네."

*집안일 청소나 빨래, 요리 등 집 안에서 하는 일.

*다짐했어요 마음을 굳게 먹거나 뜻을 정했어요.

밑줄 친 부분을 쓱쓱 따라 써 봐요

읽고 쓴 날 월 일

한 줄 일기를 쓰고 쑥쑥 마음을 키워요

10 용돈을 모아 선물을 샀어요

"용돈을 거의 다 썼네."

예은이는 홀쭉한 지갑을 보며 *한숨을 쉬었어요. 용돈으로 사고 싶은 게 있었거든요. 바로 *단짝 은지의 생일 선물이었어요.

다이어리 꾸미기를 좋아하는 은지를 위해 다이어리 꾸미기 세트를 선물하고 싶었거든요. 그래서 열심히 용돈 모으기 대작전을 시작했어요.

설거지 500원, 쓰레기 갖다 버리기 500원, 강아지 산책 시키기 700원. 예은이는 한 푼, 두 푼, 용돈을 모았어요. 버블티도 마시고 싶고, 마라탕 냄새도 코를 간질였지만, 꾹 참았어요.

마침내 예은이는 모은 용돈으로 은지의 생일 선물을 샀어요. 그리고 은지의 생일날 손 편지와 함께 선물을 주었어요.

"헉, 이거 내가 찜했던 거잖아! 예은아, 진짜 고마워!"

은지가 진심으로 좋아하는 모습을 보니 예은이도 기분이 정말 좋았어요. 용돈을 모으는 게 쉽지는 않았지만, 은지가 기대했던 선물을 살 수 있어서 뿌듯한 마음이 들었지요.

*한숨 걱정이 있을 때나 긴장했다가 마음을 놓을 때 길게 몰아서 내쉬는 숨.

*단짝 아주 친해서 항상 함께 다니는 사이. 또는 그러한 친구.

밑줄 친 부분을 쑥쑥 따라 써 봐요

읽고 쓴 날 월 일

한 줄 일기를 쓰고 쑥쑥 마음을 키워요

쓱쓱싹싹 **낱말 놀이**

꼬불꼬불 길을 따라 문장을 만들어 봐!

다음 문장의 빈칸에 들어갈 낱말을 찾아 길을 따라가 보세요.

3장

결정을 내리고 책임질 수 있어요

11 할 일 목록을 정해요

토요일 아침, 일찍 일어난 영진이는 먼저 오늘 할 일 *목록을 정했어요. 그냥 보내다 보면 아무것도 못 하고 주말이 끝나 버리는 경우가 많았거든요.

"오늘은 문제집 풀고, 방도 정리해야지. 아, 오늘은 토요일이니까 화분에 물 주고, 금붕어 밥도 주고, 오후에는 주희랑 약속! 오늘 좀 바쁘겠네."

영진이는 목록대로 하나씩 해 나갔어요. 문제집부터 풀고, 방도 깨끗하게 정리했어요. 잊지 않고 화분에 물도 주었지요. 할 일을 하나씩 지워 나가니 마음이 뿌듯했어요.

조금 뒤, 주희에게서 전화가 왔어요.

"영진아, 빨리 나와! 축구하자!"

"벌써 3시야? 알았어. 금방 나갈게!"

해야 할 일을 하다 보니 약속 시간이 다 된 것도 몰랐네요. 영진이는 주희를 만나 신나게 축구를 했어요.

즐겁게 뛰어놀고 집에 돌아온 영진이는 소파에 앉아 있다가 *까무룩 잠이 들었어요. 축구가 힘들었나 봐요. 아직 할 일이 남았는데요. 금붕어 밥 주기!

*목록 어떤 물품의 이름이나 책 제목 따위를 일정한 순서로 적은 것.

*까무룩 자기도 모르게 순간적으로 정신이 흐려지는 모양.

밑줄 친 부분을 쓱쓱 따라 써 봐요

읽고 쓴 날 월 일

한 줄 일기를 쓰고 쑥쑥 마음을 키워요

12 내가 한 행동에 책임을 져요

점심시간, 현수는 운동장에서 공을 차며 놀았어요. 그런데 힘껏 찬 공이 그만 *화단 쪽으로 날아가서 화분을 깨뜨리고 말았어요. 순간 가슴이 *철렁했어요.

'어떡하지? 사실대로 말하면 선생님한테 혼날 거야. 아무도 못 본 거 같으니 모른 척 들어갈까?'

마음속으로 갈등하던 현수는 결국 용기를 내어 선생님께 말했어요.

"선생님, 제가 공을 잘못 차서 화분을 깨뜨렸어요."

선생님은 잠시 놀라셨지만 이내 미소를 지으며 말씀하셨어요.

"오, 우리 현수 용기 있게 말했는데? 놀다 보면 그럴 수도 있어. 대신 네가 한 행동에는 책임을 져야지?"

현수는 화단으로 가서 깨진 화분 조각과 여기저기 흩어져 있던 흙을 빗자루로 깨끗이 치웠어요. 그리고 화분에서 떨어진 꽃을 화단의 다른 꽃들 옆에 다시 심었어요. 현수는 흙을 꾹꾹 다지며 생각했어요.

'꽃을 다시 살릴 수 있어서 다행이야. 앞으로도 내가 한 행동에 책임질 수 있도록 노력하자!'

***화단** 꽃을 심기 위해 흙을 약간 높게 하여 만든 꽃밭.

***철렁했어요** 무엇에 크게 놀라서 걱정되거나 마음이 무거워졌어요.

밑줄 친 부분을 쓱쓱 따라 써 봐요

읽고 쓴 날 월 일

한 줄 일기를 쓰고 쑥쑥 마음을 키워요

13 더 나은 결정을 해요

"시우야, 오늘도 게임 한 판 해야지?"

세찬이가 반짝이는 눈으로 말했어요. 어제도 같이 게임하느라 학원에 늦었던 시우는 순간 마음이 흔들렸어요. 그래서 망설이고 있는데, 세찬이가 자꾸 *재촉했어요.

"야, 새로 나온 몬스터 같이 잡기로 했잖아."

하지만 곧 떠올랐어요. 학원, 밀린 숙제, 내일 있을 단어 시험 준비…….

'그냥 게임 같이 할까? 아니야, 그러면 또 학원 늦을 텐데.'

시우는 마음속으로 치열하게 고민했어요. 고민하던 시우는 결심한 듯 주먹을 꽉 쥐었어요.

"세찬아, 미안. 오늘은 게임 못 해. 학원도 가야 하고, 숙제도 해야 하고, 시험 준비도 있어. 앞으로 게임은 너무 자주 하지 않는 게 좋을 것 같아."

세찬이가 *못마땅한 얼굴로 돌아섰지만, 그래도 게임을 하느라 할 일을 못 하는 건 안 될 것 같았어요. 시우의 마음은 오히려 한결 가벼워졌어요. 자신을 위해서 더 나은 결정을 했다고 느꼈거든요.

*재촉했어요 어떤 일을 빨리하도록 자꾸 요구했어요.

*못마땅한 별로 마음에 들지 않아 꺼림칙한.

밑줄 친 부분을 쓱쓱 따라 써 봐요

읽고 쓴 날 월 일

한 줄 일기를 쓰고 쑥쑥 마음을 키워요

14 옳다고 생각하는 일을 해요

동생과 박물관을 구경하고 집으로 돌아가는 버스를 탔어요. 그런데 몇 정류장이 지나고, 다리에 깁스를 한 친구가 버스에 올랐어요. 버스에는 빈자리가 없었어요.

나는 순간 망설였어요. 하루 종일 걸어서 나도 다리가 아팠거든요. 더군다나 어른도 아니고 같은 *또래 친구니까 그냥 앉아 있어도 되지 않을까 생각했어요. 하지만 이내 마음속에서 목소리가 들려왔어요.

'다리를 다친 친구가 서 있는 건 더 힘들 거야.'

나는 자리에서 일어나며 말했어요.

"여기 앉으세요."

친구는 놀란 얼굴로 나를 바라보다가 조심스레 앉았어요.

"고맙습니다."

나는 내릴 때까지 서서 갔지만 마음은 한결 가벼웠어요. 버스에서 내리자 동생이 물었어요.

"형, 다리 아프다면서 왜 자리를 *양보했어?"

"그냥 나보다 더 힘들어 보이는 친구에게 자리를 양보하는 게 옳다고 생각한 것뿐이야."

동생은 나를 보며 빙긋 웃었고, 내 얼굴에도 따뜻한 미소가 번졌답니다.

*또래 나이나 수준이 서로 비슷한 무리.

*양보 길이나 자리, 물건 등을 사양하여 남에게 미루어 줌.

밑줄 친 부분을 쓱쓱 따라 써 봐요

읽고 쓴 날 월 일

한 줄 일기를 쓰고 쑥쑥 마음을 키워요

15 사실대로 말해요

"우리 까미는 까만 고양이인데, 엄청 똑똑해."

"우리 집에서는 금붕어를 키우는데, 엄청 귀여워."

친구들이 저마다 자신이 키우는 *반려동물을 자랑했어요. 친구들의 이야기에 나는 그만 거짓말을 하고 말았어요. 반려동물을 키우지도 않는데 말이에요.

"우, 우리 집엔 앵무새가 있어. 이름은 앵지! 아침마다 엄마 대신 나한테 '일어나!' 하고 외쳐."

앵무새를 키운다는 말에 친구들의 눈이 휘둥그레졌어요.

"우아! 진짜? 나 앵무새 본 적 없어!"

"앵무새라니. 앵지 보러 너희 집 가도 돼?"

나는 등 뒤로 *식은땀이 주르륵 흘렀어요. 거짓말이 이렇게 커질 줄 몰랐거든요. 나는 결국 사실대로 털어놓기로 했어요. 언제까지 거짓말을 할 수는 없으니까요.

"사, 사실 우리 집에 앵지 없어. 대신 먼지가 많아……."

친구들은 잠시 조용하다가 이내 웃음을 터뜨렸어요. 그래도 사실대로 말했으니 넘어가자며 한바탕 웃고 말았답니다.

*반려동물 사람이 정서적으로 의지하고자 가까이 두고 기르는 동물. 개, 고양이, 새 등이 있다.

*식은땀 매우 긴장하거나 놀랐을 때 흐르는 땀.

밑줄 친 부분을 쓱쓱 따라 써 봐요 읽고 쓴 날 월 일

한 줄 일기를 쓰고 쑥쑥 마음을 키워요

쑥쑥쑥쑥

낱말 놀이

질문을 읽고 낱말을 짐작해 봐!

다음 빈칸에 들어갈 알맞은 낱말을 보기 에서 찾아 써 보세요.

보기 양보 까무룩 식은땀 철렁하다 못마땅하다

자기도 모르게 순간적으로 정신이 흐려지는 모양을 무엇이라고 할까요?

( )

길이나 자리, 물건 등을 사양하여 남에게 미루어 주는 것을 무엇이라고 할까요?

( )

무엇에 크게 놀라서 걱정되거나 마음이 무거워진 것을 무엇이라고 할까요?

( )

매우 긴장하거나 놀랐을 때 흐르는 땀을 무엇이라고 할까요?

( )

별로 마음에 들지 않아 꺼림칙한 것을 무엇이라고 할까요?

( )

4장

무엇이든 할 수 있어요

16 안 될 거라고 생각하지 않아요

"으아, 못 하겠어요."

체육 시간, 뜀틀을 향해 달려오던 유현이가 *구름판 앞에서 *주춤하더니 얼음처럼 굳어 버렸어요.

"유현아, 그렇게 높지 않아. 겁먹지만 않으면 할 수 있어."

선생님이 달래 보았지만 유현이는 고개를 절레절레 저었어요.

"자, 구름판을 힘차게 밟고, 양손은 여기를 짚고, 몸을 앞으로 내보내는 거야."

선생님은 유현이에게 차근차근 설명해 주셨어요. 그래도 망설이는 유현이를 보고 친구들은 큰 목소리로 유현이를 응원했어요.

"이유현! 이유현! 할 수 있다! 이유현!"

친구들의 응원에 유현이도 힘을 냈어요. 심호흡을 크게 한 번 하고는 앞을 향해 달렸어요. 힘차게 발을 구르고, 멋지게 뛰어넘었답니다.

"얘들아, 봤어? 나 액션 영화 주인공 같았지?"

이제 유현이는 알 것 같았어요. 먼저 안 될 거라고 생각하면 정말 아무것도 할 수 없다는 것을 말이에요. 긍정적으로 생각하며 자신을 믿고 행동해야 한다는 것을 말이지요.

*구름판 멀리뛰기나 뜀틀 운동 따위를 할 때, 뛰기 직전에 발을 구르는 판.

*주춤하더니 망설이거나 가볍게 놀라서 갑자기 멈칫하거나 몸이 움츠러들더니. 또는 몸을 움츠리더니.

밑줄 친 부분을 쑥쑥 따라 써 봐요 　　　　　　　　읽고 쓴 날 　월 　일

한 줄 일기를 쓰고 쑥쑥 마음을 키워요

17 작은 행동이 큰 변화를 만들었어요

우리 반 우유 통 주변은 늘 지저분했어요. 우유를 먹고 빈 우유갑을 공 던지듯 우유 통에 던지는 친구가 한둘이 아니었거든요. 우유가 이곳저곳에 튀어 냄새까지 날 *지경이었어요.

다음 날, 친구들은 *어김없이 빈 우유갑을 휙휙 우유 통에 던졌어요. 그 모습을 본 나는 슬그머니 가서 우유갑을 제자리에 반듯하게 놓았어요. 나부터라도 반듯하게 놓아야겠다는 생각이 들었거든요.

"지원아, 너 뭐 해?"

"그냥 우유 통에 우유갑을 넣은 것뿐이야."

그렇게 며칠 동안 나는 계속 우유갑을 반듯하게 놓고, 어질러진 우유 통 주변을 정리했어요. 그랬더니 친구들도 점점 우유갑을 함부로 던지지 않았지요. 심지어 나를 도와 우유갑을 정리하는 친구도 생겼고요.

이제 우리 반 우유 통 주변은 더 이상 지저분하지 않답니다. 우유갑을 정리하고자 했던 나의 작은 행동으로 우리 반의 환경이 더 나아진 거지요. 작은 행동 하나가 큰 변화를 불러온 거예요.

*지경 경우, 형편, 정도 등의 뜻을 나타내는 말.

*어김없이 어기는 일이 없이.

밑줄 친 부분을 **쓱쓱** 따라 써 봐요

읽고 쓴 날 월 일

한 줄 일기를 쓰고 **쑥쑥** 마음을 키워요

18 할 수 있다는 믿음을 가져요

지민이는 발표할 상황이 되면 긴장이 되어 늘 몸이 떨리고는 했어요. 오늘도 발표를 앞두고 몸을 바들바들 떨었지요. 그 모습을 본 은지가 걱정스러운 얼굴로 물었어요.

"지민아, 괜찮아? 어디 아파?"

"이따가 발표 수업이 있잖아. 나는 발표만 하려고 하면 자꾸 떨려."

은지는 지민이의 어깨를 툭 치며 말했어요.

"그럴 땐 *주문을 외워 봐. 나도 발표할 때마다 '나는 발표를 잘할 수 있다!' 하고 스스로에게 주문을 외워."

무엇이든 잘하는 은지가 주문을 외운다고 하니 지민이도 귀가 솔깃했어요.

지민이의 발표 차례가 되자, 지민이는 길게 숨을 내쉬고 주문을 외웠어요.

'그래, 나는 발표를 잘할 수 있다!'

지민이는 괜히 마음이 차분해지고 힘이 나는 것 같았어요. 목소리가 조금 떨리기는 했지만 준비한 내용을 차분히 잘 발표했어요.

선생님은 잘했다고 칭찬해 주셨어요. 앞으로도 지민이는 무엇을 시작하든 할 수 있다는 *믿음을 가득 담아 주문을 외워야겠다고 생각했지요.

*주문 신비한 일을 일으키기 위해 외우는 글귀.

*믿음 어떤 일이나 사람을 믿는 마음.

밑줄 친 부분을 쓱쓱 따라 써 봐요

읽고 쓴 날　　월　　일

한 줄 일기를 쓰고 쑥쑥 마음을 키워요

19 힘든 일에도 좋은 점은 있어요

"콩콩이, 너 진짜!"

나는 울고 싶었어요. 열심히 한 숙제를 우리 집 강아지 콩콩이가 몽땅 물어뜯어 놓았거든요. 영어 단어를 열 번씩 쓴 영어 학원 숙제였지요.

"아이고, 콩콩이가 또 사고를 쳤구나."

"엄마, 어떡해요?"

"속상하겠지만, 숙제를 다시 해야 하지 않을까?"

나는 한숨을 쉬며 숙제를 다시 하기 시작했어요. 그런데 뜻밖의 일이 일어났어요. 영어 단어를 열 번씩 다시 쓰다 보니 영어 단어가 머릿속에 쏙쏙 들어오는 거예요. 아까까지는 잘 외워지지 않던 단어였는데 말이에요.

문득 뒤를 돌아보니 콩콩이가 혀를 쏙 내밀고는 내 침대 위에 편하게 누워 있네요.

'널 위해 내가 *일부러 그런 거야.'

콩콩이가 나를 보며 말하는 것 같았어요.

"*얄미운 콩콩이."

화도 나고 힘도 들었지만 나쁜 점만 있는 것은 아니었어요. 힘든 일 속에서도 좋은 점을 찾을 수 있다는 것을 알게 되었거든요.

* **일부러** 어떤 목적이나 생각을 가지고. 또는 마음을 내어 굳이.

* **얄미운** 말이나 행동이 약빠르고 미운.

밑줄 친 부분을 쓱쓱 따라 써 봐요 읽고 쓴 날 월 일

한 줄 일기를 쓰고 쑥쑥 마음을 키워요

20 다음에는 더 잘할 수 있어요

'삐삐 삐삐.'

오븐에서 알람이 울렸어요. 현아는 두근거리는 마음으로 오븐을 열었어요. 모락모락 *김이 나는 갈색 빵이 들어 있었어요. 보기에는 제법 그럴싸했어요.

"자, 그럼 우리 딸이 처음으로 만든 빵을 먹어 볼까?"

"네!"

현아와 아빠는 빵을 한 입 베어 물었어요. 그런데 빵이 생각했던 것과 달랐어요.

"으악! 너무 딱딱해요. 빵이 아니라 돌이네요. 잘 만들고 싶었는데……."

"하하. 빵은 딱딱한 빵도 있어. *의도한 건 아니지만 이렇게 딱딱한 빵을 만드는 방법도 알게 된 것 아니야?"

현아는 아빠의 말을 곰곰이 생각해 보니 정말 그런 것 같았어요. 다시 조리법을 살펴보았어요. 달걀이랑 버터가 적게 들어간 것을 알게 되었어요.

"맞아요! 달걀이랑 버터가 적어서 딱딱해진 거거든요."

"그것 봐. 긍정적으로 생각해. 새로운 빵을 만드는 방법을 알게 되었다고. 다음에는 더 잘할 수 있지?"

"네! 다음에는 말랑말랑한 빵을 만들어 볼게요. 다음에는 더 잘할 수 있어요!"

*김 액체가 열을 받아서 기체로 변한 것.

*의도한 무엇을 하고자 생각하거나 계획한.

밑줄 친 부분을 쓱쓱 따라 써 봐요

읽고 쓴 날 월 일

한 줄 일기를 쓰고 쑥쑥 마음을 키워요

쑥쑥 쑥쑥

낱말 놀이

선으로 연결하여 문장을 만들어 봐!

다음 내용을 읽고, 어울리는 말을 선으로 연결하여 문장을 완성해 보세요.

아기는 처음 강아지를 보고 잠시	뜀틀을 넘으려면	갓 지은 밥에서
김이	주춤했지만	구름판을
조심스레 털을 쓰다듬었어요.	힘껏 밟아야 해요.	모락모락 났어요.

5장

스스로 계획하고 실천해요

21 계획표를 만들고 실천해요

방학 첫날, 나는 늦잠을 잤어요. 늦게 일어나 숙제도 미루고 게임만 하다 보니 *금세 밤이 되어 버렸지요. 다음 날도, 그다음 날에도 늦잠 자기, 게임하기가 반복됐어요.

"이러다가 아무것도 한 것 없이 방학이 끝나 버리겠어. 방학 계획부터 세워 보자!"

나는 방학 계획표를 만들었어요. 아침에 일어날 시간, 운동 시간, 숙제 시간, 독서 시간, 놀 시간도 정했지요.

다음 날, 단단히 마음을 먹고 일찍 일어났어요. 오랜만에 아침 운동을 했더니 몸은 좀 피곤했지만 기분은 좋았어요.

아침을 먹고 계획표를 다시 확인했어요.

"이제 숙제 시간!"

나는 숙제를 하고 잠시 게임을 하며 쉬었다가 책을 읽었어요.

계획표대로 움직이니까 좋은 점이 많았어요. 숙제를 미리 해 두니 놀 때 마음이 한결 편했고, 덕분에 게임도 마음 놓고 즐길 수 있었어요. 시간을 정해 책을 읽으니 *집중력도 쑥쑥 느는 것 같았고요.

"계획표 덕분에 방학이 더 즐거워졌어!"

*금세 시간이 얼마 지나지 않아서.

*집중력 마음이나 주의를 집중할 수 있는 힘.

밑줄 친 부분을 쓱쓱 따라 써 봐요 읽고 쓴 날 월 일

한 줄 일기를 쓰고 쑥쑥 마음을 키워요

22 매일 조금씩 실력이 자라요

"그래! 결심했어!"

하진이는 축구를 정말 잘하고 싶었어요.

손흥민 같은 축구 선수가 되는 게 꿈이거든요.

하진이가 하루 종일 축구만 하겠다고

*큰소리치자 아빠가 타이르듯 말씀하셨어요.

"축구를 잘하고 싶은 마음은 잘 알겠어. 그렇다면 매일 조금씩 *꾸준히 하는 게 어떨까? 그런 시간이 쌓이면 실력도 자연스럽게 늘게 될 거야."

하진이는 아빠의 말에 고개를 끄덕였어요.

"네, 알겠어요. 그런데 아빠, 축구 연습 같이 해 주실 거죠?"

"그럼, 당연하지."

그날부터 하진이는 아빠와 함께 매일 삼십 분씩 축구 연습을 하기로 계획을 짰어요. 매일 삼십 분 동안 드리블, 패스, 슛 등을 꾸준히 연습했지요.

며칠이 지나자 공이 발끝에 착 달라붙는 느낌이 들었어요. 한 달쯤 지나자 친구들도 놀랄 만큼 실력이 쑥 자랐고요.

"와! 아빠 말이 맞았어. 매일 꾸준히 하니까 축구 실력이 정말 늘었어!"

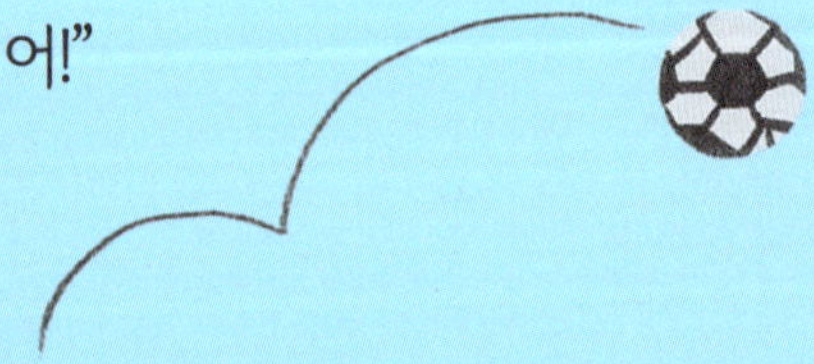

*큰소리치자 잘난 체하며 자신 있게 말하거나 사실보다 크게 부풀려 말하자.

*꾸준히 한결같이 부지런하고 끈기가 있는 태도로.

밑줄 친 부분을 쓱쓱 따라 써 봐요

읽고 쓴 날 월 일

한 줄 일기를 쓰고 쑥쑥 마음을 키워요

23 할 일을 미루지 않아요

새로운 달이 시작되자마자 나는 다짐했어요.

"이번 달에는 꼭 매일 일기를 쓰겠어."

하지만 며칠 지나지 않아 귀찮다며 미루기 시작했지요. 어느새 이번 달의 마지막 주가 다가왔어요. 책상 위에는 텅 빈 일기장이 나를 *노려보고 있었어요.

"으악! 내 다짐을 지키려면 한 달 *치를 한꺼번에 써야겠네?"

나는 손이 부르트도록 일기 쓰기에 돌입했어요.

기억나지 않는 일들을 꾸며 쓰다 보니, 수영장에 간 이야기가 세 번, 친구랑 게임했던 이야기가 네 번이나 나왔죠. 날씨도 기억나지 않아서 인터넷에서 찾아보기까지 했어요.

겨우겨우 다 썼을 때는 이미 밤이 깊었어요. 나는 한숨을 쉬며 다짐했어요.

"정말 다시는 이러지 말자. 매일매일 썼다면 오늘 같은 일은 없었을 텐데……."

그날 이후 나는 하루를 마치면 꼭 일기를 쓰겠다는 다짐을 지켰어요.

미루지 않고 계획대로 하는 것이야말로 나를 편하게 만드는 비결이라는 것을 알게 되었거든요.

*노려보고 나쁜 감정을 갖고 누군가를 날카롭고 무섭게 보고.

*치 일정한 몫이나 양.

밑줄 친 부분을 쓱쓱 따라 써 봐요

읽고 쓴 날 월 일

한 줄 일기를 쓰고 쑥쑥 마음을 키워요

쓱쓱 싹싹

24 용돈은 계획적으로 써요

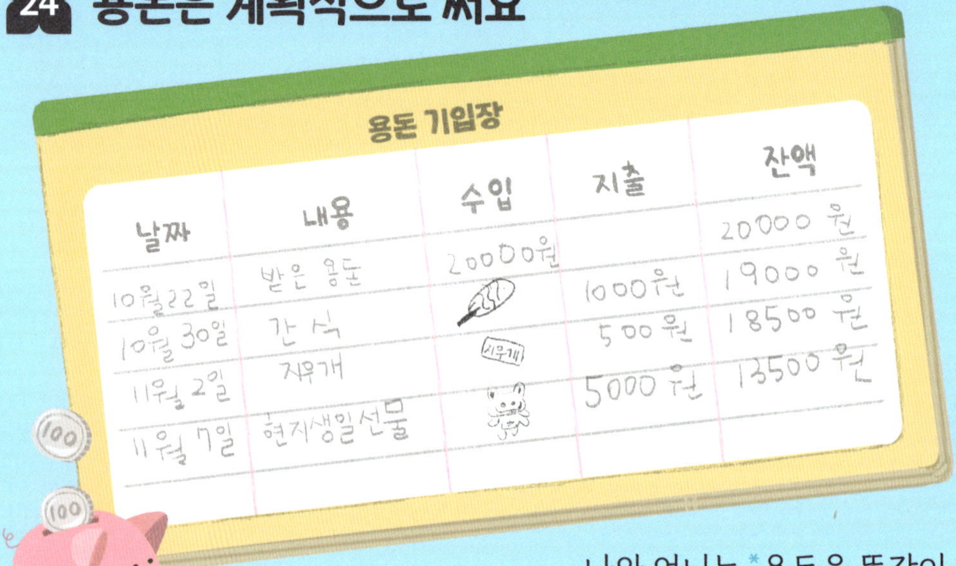

나와 언니는 *용돈을 똑같이 받아요.

하지만 이상하게 나는 용돈이 늘 모자라고, 언니는 늘 남지요.

"언니, 나 오천 원만 빌려줘. 친구 생일 선물 사야 하는 걸 *깜빡했어."

"용돈 또 다 썼어? 어이구, 용돈을 계획 없이 쓰니까 자꾸 모자라지."

언니는 잔소리를 하며 작은 수첩을 꺼냈어요. 바로 '용돈 기입장'이었지요. 받은 돈, 쓴 돈이 잘 정리되어 있었어요.

"용돈을 받으면 그 달에 꼭 써야 할 돈을 미리 생각해. 그리고 무엇을 샀는지, 얼마를 썼는지 잘 정리하면 내가 용돈을 어떻게 쓰는지 한눈에 보여서 용돈 관리를 잘할 수 있어."

나는 언니의 용돈 기입장을 들여다보며 고개를 끄덕였어요. 언니가 그동안 늘 용돈이 넉넉했던 까닭을 알 것 같았어요. 나도 용돈 기입장을 쓰면서 용돈 관리를 잘해 봐야겠다고 생각했어요.

"그렇구나. 그러면 나 용돈 기입장 사게 천 원 더 빌려줘."

"엥? 뭐라고?"

* **용돈** 개인이 여러 가지 용도로 자유롭게 쓸 수 있는 돈.
* **깜빡했어** 기억하지 못하거나 주의를 기울이지 못했어.

밑줄 친 부분을 쓱쓱 따라 써 봐요

읽고 쓴 날 월 일

한 줄 일기를 쓰고 쑥쑥 마음을 키워요

25 중요한 것부터 해요

"뭐? 지금? 알았어."

이현이는 친구 전화를 받고는 신이 났어요. 티볼을 하러 가자는 전화였거든요. 티볼은 이현이가 가장 좋아하는 운동이에요.

"엄마, 나 친구랑 좀 놀다 올게요."

"지금? 숙제는 다 했니?"

"아, 아직이요……."

엄마가 *차분히 이현이를 타이르셨어요.

"놀고 싶어도 중요한 일부터 먼저 해야지. 학교 숙제는 지금 이현이가 할 일 중 가장 먼저 해야 할 중요한 일일 것 같은데?"

이현이는 잠시 *고민했어요. 하지만 숙제부터 해야 더 기분 좋게 놀 수 있을 것 같았지요. 놀다 보면 숙제를 하기 싫어질지도 모르고요.

이현이는 친구와 한 시간 후에 보기로 다시 시간을 정했어요. 그리고 후다닥 숙제를 했지요. 숙제를 마친 이현이는 밝게 외쳤어요.

"엄마, 숙제 다 했어요! 다녀올게요."

이현이는 콧노래를 부르며 가벼운 발걸음으로 친구를 만나러 갔어요. 숙제를 다 끝내고 나가니 마음이 훨씬 가볍고 즐거웠거든요.

*차분히 마음이 가라앉아 조용하게.

*고민했어요 어찌할 줄 몰라 괴로워하고 애를 태웠어요.

밑줄 친 부분을 쓱쓱 따라 써 봐요

읽고 쓴 날 월 일

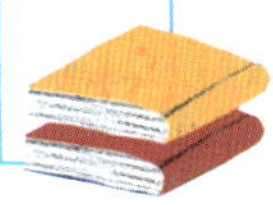

한 줄 일기를 쓰고 쑥쑥 마음을 키워요

쑥쑥쑥쑥 낱말 놀이

사다리를 타며 낱말을 찾아봐!

다음은 어떤 낱말의 뜻인지 사다리를 타고 내려가 확인해 보세요.

6장

처음이지만
용기 내서 해 봐요

26 내가 먼저 다가가요

주은이는 오늘 전학을 왔어요. 그래서 아는 친구가 한 명도 없었어요.

'내가 먼저 말*걸어 볼까? 아니야, 애들이 싫어하면 어떡해.'

주은이는 마음속으로 몇 번이나 망설였어요.

쉬는 시간, 주은이는 용기를 냈어요. 이러다 오늘 하루 종일 *한마디도 못 할 것 같았거든요. 조용히 앞자리에 앉은 친구의 어깨를 톡톡 두드렸어요.

"안녕? 반가워. 말 걸어도 돼?"

"그럼! 물론이지. 나도 너한테 인사하고 싶었어. 나는 이서연이야."

서연이는 기다렸다는 듯이 활짝 웃으며 말했어요.

서연이도 주은이가 궁금했거든요. 서연이는 먼저 말 걸어 줘서 고맙다는 말도 덧붙였어요. 두 친구는 좋아하는 음식은 무엇인지, 좋아하는 가수는 누구인지, 이것저것 종알종알 이야기를 나누었어요.

말도 잘 통하고 예쁘게 웃는 서연이를 보며 주은이는 생각했어요.

'조금 떨렸지만 먼저 말 걸기를 잘했어. 내가 먼저 다가가니 친구도 내게 한 발 다가올 수 있었잖아.'

*걸어 다른 사람을 향해 먼저 어떤 행동을 해.

*한마디 짧은 말. 또는 간단한 말.

밑줄 친 부분을 쓱쓱 따라 써 봐요

읽고 쓴 날 월 일

한 줄 일기를 쓰고 쑥쑥 마음을 키워요

쑥쑥 쑥쑥

27 어려운 심부름을 해내요

"은수야, 심부름 좀 해 줄래? 서류 좀 엄마 회사로 가져다줘."

엄마의 다급한 전화를 받은 은수는 식탁 위에 있던 서류봉투를 들고 서둘러 집을 나섰어요. 엄마가 중요한 서류를 집에 깜빡 두고 갔는데, 마침 방학이라 은수가 집에 있었거든요.

엄마가 일하는 회사까지 은수 혼자 가 보는 것은 처음이었어요. 심지어 엄마의 중요한 서류를 들고 말이에요.

'이런 심부름은 처음인데, 엄마한테 정말 중요한 거니까 실수하면 안 돼. 꼭 잘 전해 드려야지!'

은수는 단단히 마음을 먹었어요. 엄마가 알려 준 300번 버스를 타고 엄마 회사 앞 정류장에 무사히 내렸어요. 다행히 정류장에는 엄마가 *마중 나와 있었어요.

"엄마!"

"은수야! 고생했어. 우리 딸 덕분에 정말 한시름 놨어. 정말 고마워. 은수한테 이제 이런 심부름도 부탁할 수 있고, 엄마 너무 든든한걸?"

엄마의 칭찬에 은수는 어깨가 *으쓱했어요. 마치 키가 한 뼘 자란 느낌이었지요.

*마중 오는 사람을 나가서 맞이함.

*으쓱했어요 어깨를 들먹이며 우쭐해 했어요.

밑줄 친 부분을 쓱쓱 따라 써 봐요

읽고 쓴 날 월 일

한 줄 일기를 쓰고 쑥쑥 마음을 키워요

28 떨리지만 용기를 내요

지윤이는 오늘 처음으로 큰 연주회장에서 피아노 발표회를 하게 되었어요.

"지윤아, 떨리니?"

"네, 선생님. 너무 떨려요. 관객이 천 명쯤 되는 것 같아요. 아니, 만 명쯤?"

지윤이는 관객으로 꽉 찬 연주회장을 보니 더 떨렸어요. 선생님은 떨리는 지윤이의 손을 꼭 잡고 말씀하셨어요.

"이렇게 많은 사람 앞에 서면 누구나 떨린단다. 그동안 연습한 대로만 하면 돼. 너무 떨지 말고, 실수해도 괜찮으니까 멈추지 말고 끝까지 연주하렴."

선생님의 말씀을 들은 지윤이는 속으로 다짐했어요.

'그래. 처음이니까 떨리는 게 당연해. 떨리지만 즐기면서 해 보는 거야!'

드디어 지윤이의 차례가 되었어요. 무대에 오른 지윤이는 객석에 앉은 선생님과 찡긋하며 *눈인사를 했어요. 그리고 곧이어 연주를 시작했지요.

지윤이는 긴장과 떨림을 날려 보내려는 듯 피아노 음 하나하나에 집중하며 연주했어요. 멋진 연주가 끝나자 객석에서 박수가 쏟아졌고, 지윤이의 얼굴에는 환한 미소가 *번졌답니다.

*눈인사 눈짓으로 가볍게 하는 인사.

*번졌답니다 빛, 생각, 기분, 냄새 등이 바탕에서 점점 더 넓게 나타나거나 퍼졌답니다.

밑줄 친 부분을 쓱쓱 따라 써 봐요

읽고 쓴 날 월 일

한 줄 일기를 쓰고 쑥쑥 마음을 키워요

29 두려웠지만 해냈어요

"자, 오늘은 생존 수영을 배울 거예요."

수영 선생님의 말씀에 준호는 잔뜩 *얼어붙었어요. 준호는 어릴 적 물놀이를 하다가 물을 많이 먹은 기억 때문에 물이 너무 무서웠거든요.

"물이 무서울 수 있어요. 하지만 용기를 내지 않으면 정말 위험할 때 자신을 지킬 수 없답니다."

준호는 깊게 숨을 들이쉬고 조심스레 발끝을 물에 담가 보았어요. 처음에는 몸이 덜덜 떨렸지만, 선생님이 손을 잡아 주자 조금씩 긴장이 풀렸어요.

*구명조끼를 입는 방법, 물에서 호흡하는 방법, 팔다리를 움직이는 방법 등을 하나씩 배우다 보니 무서움은 점점 줄어들었어요. 마침내 스스로 물 위에 떠오를 수 있게 되자 두려움 대신 자신감이 찾아왔지요.

만약 겁이 난다고 물에 들어가지 않았다면, 이런 자신감을 얻지 못했을 거예요. 준호는 용기를 낸 덕분에 물에 대한 공포를 이겨 내고 새로운 자신을 만날 수 있었답니다.

*얼어붙었어요 긴장이나 무서움 때문에 몸이 굳어졌어요.

*구명조끼 물에 빠져도 몸이 뜰 수 있도록 만든 조끼.

밑줄 친 부분을 쓱쓱 따라 써 봐요 읽고 쓴 날 월 일

한 줄 일기를 쓰고 쑥쑥 마음을 키워요

쓱쓱 쑥쑥

30 넘어져도 다시 일어나요

"자, 준비됐지?"

아빠가 내민 손을 보며 나는 망설였어요. 처음 타 보는 스케이트는 *왠지 무서웠거든요. 처음 신어 보는 스케이트 신발도 불편하기 짝이 없었어요.

"아빠, 넘어지면 어떡해요? 아플 것 같은데……."

"오늘 처음 타는 거니까 분명 넘어질 거야. 처음부터 어떻게 잘 탈 수 있겠어. 하지만 스케이트는 넘어지면서 배우는 거란다. 아빠가 꼭 잡아 줄 테니 너무 걱정하지 말고 용기 내 봐."

나는 여전히 무서웠지만, 그래도 용기를 내 보았어요.

다리에 힘을 주고 한 발 한 발 스케이트장 안으로 발을 내디뎠어요. 하지만 '꽈당!' 역시나 엉덩이가 여러 번 얼음판과 만나고 말았어요. 얼음판 위에서 비틀비틀 이상한 춤도 여러 번 추었지요.

"오늘 봐서 김연아 선수처럼 키우려고 했는데, 댄스 가수를 시켜야겠네."

"그만 놀려요!"

그렇게 몇 번을 넘어지고 일어나기를 반복한 끝에, 어느덧 아빠의 두 손이 아닌 한 손을 잡고 나란히 얼음판을 *디딜 수 있었답니다.

*왠지 왜 그런지 모르게. 또는 뚜렷한 이유도 없이.

*디딜 발을 올려놓고 서거나 발로 내리누를.

밑줄 친 부분을 쓱쓱 따라 써 봐요

읽고 쓴 날 월 일

한 줄 일기를 쓰고 쑥쑥 마음을 키워요

쑥쑥쑥쑥

낱말 놀이

꼬불꼬불 길을 따라 문장을 만들어 봐!

다음 문장의 빈칸에 들어갈 낱말을 찾아 길을 따라가 보세요.

7장

실패해도 괜찮아요

31 실패할 수도 있어요

우리 반에는 '도전 독서왕'이라는 행사가 있어요. 정해진 책을 다 읽고 선생님이 내는 퀴즈를 통과하면 독서왕이 되는 거예요.

친구들은 자주 독서왕에 도전했지만 나는 한 번도 도전한 적이 없어요. 실패할까 봐 두려웠거든요. 그런 내 마음을 선생님도 *눈치채셨지요.

"수현이도 이 책 다 읽었지? 독서왕에 도전해 보는 게 어때?"

나는 조금 망설였지만 용기를 내 도전했어요.

1단계 통과, 2단계 통과, 마지막 3단계만 통과하면 이제 독서왕이 되는 것이었죠. 하지만 결과는 실패였어요. 마지막 단계에서 틀려서 더 실망스러웠어요. 고개를 푹 숙인 내게 선생님이 다정하게 말씀하셨어요.

"수현아, 정말 잘했어. *당연히 실패할 수도 있어. 중요한 건 용기 내어 도전했다는 거야. 실패를 해 본 사람이 더 성장할 수 있는 거란다."

나는 선생님의 따뜻한 위로에 마음이 편안해졌어요. 비록 이번에는 실패했지만, 다음번에는 더 잘할 수 있을 것이라는 용기가 생겼거든요.

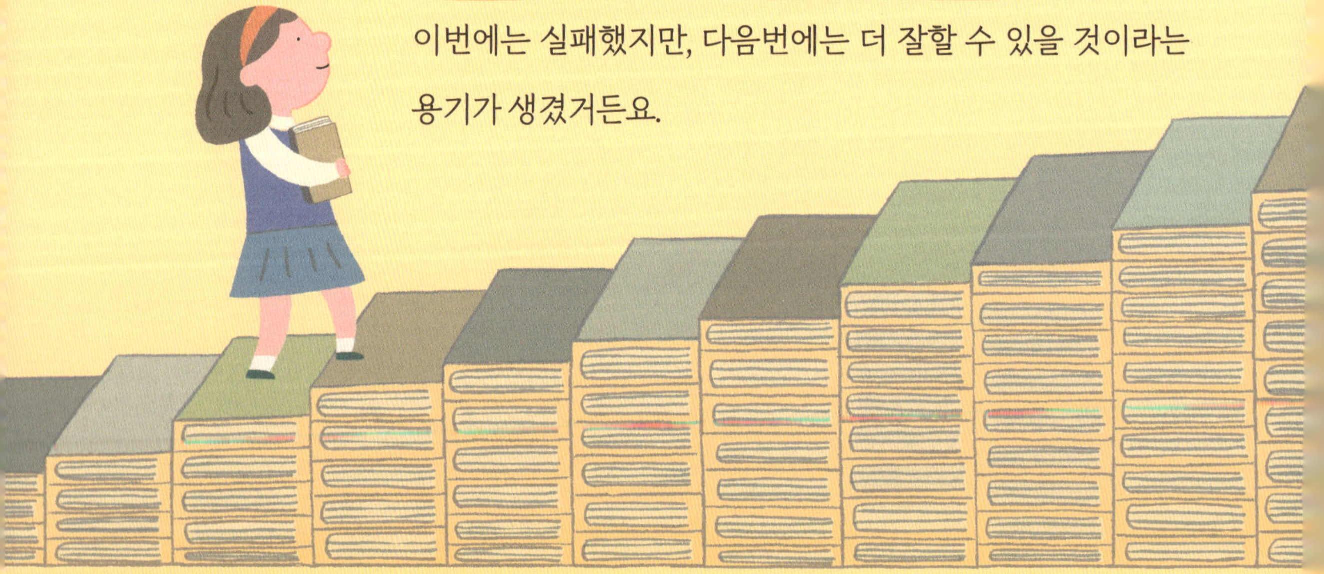

*눈치채셨지요 상황, 형편이나 다른 사람의 마음, 비밀 등을 살펴 알아채셨지요.

*당연히 이치로 보아 마땅히 그렇게.

밑줄 친 부분을 쓱쓱 따라 써 봐요

읽고 쓴 날 월 일

한 줄 일기를 쓰고 쑥쑥 마음을 키워요

32 실패를 통해 배워요

인영이는 요즘 떡볶이 만들기에 푹 빠져 있어요. 아빠가 좋아하실 만한 맛있는 떡볶이를 만드는 것이 목표였어요.

하지만 지난주에 만든 떡볶이는 너무 매웠어요. 아빠는 혀에 대고 *연신 손부채질을 하셨어요. 엊그제 만든 떡볶이는 너무 짰어요. 아빠는 물을 잔뜩 드셨죠.

'중간에 *간을 안 본 게 문제였어. 이번에는 꼭 조금씩 맛을 보면서 만들어야지!'

오늘 인영이는 한 입, 두 입 맛보며 떡볶이를 만들었어요. 양념을 추가하기도 하고, 물을 더 넣기도 하면서 정성을 다했지요.

"아빠, 드셔 보세요. 어때요?"

"윽, 이게 뭐야?"

아빠는 얼굴을 잔뜩 찌푸리셨어요.

"으악! 오늘도 실패인가요?"

"제대로잖아? 정말 맛있구나. 이제는 떡볶이 요리사네."

아빠는 환하게 웃으며 말씀하셨어요.

"아빠 표정에 속았잖아요!"

아빠의 칭찬에 인영이는 기분이 날아갈 것 같았어요. 그동안 몇 번 실패하긴 했지만, 그 덕분에 더 맛있는 떡볶이를 만드는 방법을 배우게 된 거예요.

*연신 잇따라 자꾸.

*간 음식물의 짠 정도.

밑줄 친 부분을 쓱쓱 따라 써 봐요

읽고 쓴 날 월 일

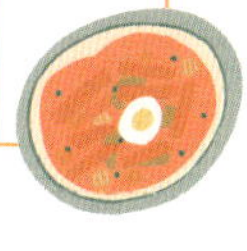

한 줄 일기를 쓰고 쑥쑥 마음을 키워요

33 노력이 중요해요

"민준아, 축하해. 정말 잘했어."

줄넘기 대회가 끝나고 정우가 내게 축하 인사를 건넸지만 나는 기분이 썩 좋지 않았어요. 가장 자신 있던 이중 뛰기에서 실수를 하는 바람에 2등을 하고 말았거든요.

'내가 2등이라니, 너무 아쉬워…….'

나는 한 달 내내 1등을 목표로 정말 열심히 연습했어요. 매일 아침 일찍 일어나서 줄넘기 1,000개를 하고, 친구들보다 늦게까지 남아서 이중 뛰기를 연습했어요. 이렇게 노력했는데도 2등이라니. 아쉬움이 크게 밀려왔어요.

그런데 시상대에 올라가 2등 메달을 목에 걸었을 때, 문득 엄마가 해 주신 말씀이 떠올랐어요.

"결과보다 중요한 건, 얼마나 노력했는가야. 비록 지금 원하는 것을 얻지 못해도, 노력이 쌓이면 실력이 되고, *머지않아 목표하는 것을 이룰 수 있게 되거든."

집으로 돌아오는 길, 나는 더 이상 슬프지 않았어요. 몇 달 전에는 이중 뛰기 10개도 하기 힘들었지만, 이제는 100개도 *거뜬히 할 수 있게 되었으니까요. 여기서 멈추지 않고 더 노력해서 다음에는 꼭 1등을 하겠다고 마음속으로 다짐했어요.

* **머지않아** 시간적으로 멀지 않아.

* **거뜬히** 다루기가 간편하고 손쉽게.

밑줄 친 부분을 쓱쓱 따라 써 봐요

읽고 쓴 날 월 일

한 줄 일기를 쓰고 쑥쑥 마음을 키워요

34 목표를 달성하지 않아도 괜찮아요

오늘은 아빠와 함께 산에 가는 날이에요. 나는 아직 감기가 다 낫지 않았지만 아빠와 함께 등산을 가고 싶어서 괜찮다며 고집을 부렸어요.

등산을 시작하고 중간쯤 올라왔을 뿐인데 숨이 차고 다리가 무거웠어요. 땀이 비 오듯 흐르고 목도 따끔거렸어요.

"아들, 얼굴이 빨개. 괜찮아?"

아빠가 걱정스러운 목소리로 물으셨어요.

"조금 힘들어요. 그래도 목표를 *달성하려면 *정상까지 가야죠?"

나는 이를 악물었지만, 금세 기운이 빠져 버렸어요. 아빠는 고개를 저으며 말씀하셨어요.

"정상까지 꼭 가지 않아도 괜찮아. 힘든데 무리하면 오히려 몸이 더 나빠질 수 있어. 그럼 목표 달성을 한들 의미가 없지. 목표를 달성하려고 애썼다면 그것만으로 충분히 잘한 거야. 정상에는 다음에 올라가자."

그제야 나는 멈춰 서서 숨을 고르며 주위를 둘러보았어요. 눈앞에는 꽃과 나무가 가득했고, 울창한 숲이 펼쳐져 있었어요. 정상을 가지 않았는데도 멋진 풍경을 볼 수 있었지요.

*달성하려면 목적한 것을 이루려면.

*정상 산의 맨 꼭대기.

밑줄 친 부분을 쓱쓱 따라 써 봐요

읽고 쓴 날 월 일

한 줄 일기를 쓰고 쑥쑥 마음을 키워요

35 멈추지 않고 끝까지 달려요

"청팀 이겨라!"

"백팀 이겨라!"

체육 대회의 마지막 경기는 *이어달리기였어요. 청팀의 마지막 주자인 주현이와 백팀의 마지막 주자인 나만 남은 상황이었어요.

주현이와 나는 비슷한 속도로 배턴을 넘겨받았어요. 배턴을 받자마자 주현이는 열심히 달렸어요. 나도 힘껏 달렸지만 갑자기 다리가 꼬이면서 그만 넘어지고 말았지요. 생각지도 못한 실수가 일어나고 말았어요.

"으악!"

넘어진 나는 *당황해서 얼굴이 화끈거렸고, 그대로 포기하고 싶었어요. 이미 졌다고 생각했으니까요. 그런데 친구들은 응원을 멈추지 않았어요.

"성찬! 힘내라! 성찬! 힘내라!"

"성찬아! 끝까지 달려!"

친구들의 응원을 들으니 끝까지 최선을 다하고 싶어졌어요. 나는 다시 일어나 힘껏 달렸어요. 결승선을 통과하는 순간 친구들의 박수가 쏟아졌어요. 비록 졌지만, 끝까지 최선을 다한 내 모습에 보내 준 격려의 박수였지요.

*이어달리기 일정한 거리를 나누어서 몇 사람이 차례대로 이어 달리는 육상 경기.

*당황해서 놀라거나 매우 급하여 어떻게 해야 할지를 몰라서.

밑줄 친 부분을 쓱쓱 따라 써 봐요 읽고 쓴 날 월 일

한 줄 일기를 쓰고 쑥쑥 마음을 키워요

쓱쓱쑥쑥

낱말놀이

질문을 읽고 낱말을 짐작해 봐!

다음 빈칸에 들어갈 알맞은 낱말을 보기에서 찾아 써 보세요.

보기 간 정상 달성하다 머지않다 이어달리기

일정한 거리를 나누어서 몇 사람이 차례대로 이어 달리는 육상 경기를 무엇이라고 할까요?

음식의 짠 정도를 무엇이라고 할까요?

산의 맨 꼭대기는 무엇이라고 할까요?

시간적으로 멀지 않다는 것을 무엇이라고 할까요?

목적한 것을 이루는 것을 무엇이라고 할까요?

8장

어려운 일을
해내서 기뻐요

36 나만의 방법으로 해내요

은우는 책 읽는 것은 좋아했지만, 독서 기록장을 쓰는 것은 어려워했어요. 선생님은 책 제목, 줄거리, 느낀 점을 정해진 칸에 적으라고 하셨지요. 하지만 은우는 글로만 쓰려니 재미도 없고, 금세 막혀 버렸어요.

'*줄거리를 글로 쓰려니 어렵네. 느낀 점도 잘 안 떠오르고…….'

은우는 문득 아이디어가 떠올랐어요.

'그림으로 표현하면 어떨까?'

그날부터 은우는 책을 읽고 기억에 남는 장면을 그림으로 그렸어요. 주인공의 대사를 *말풍선에 담기도 하고, 재미있는 장면을 만화처럼 꾸미기도 했지요. 이렇게 기록하니 책 내용도 더 오래 기억되고 무엇보다 즐거웠어요.

글 대신 그림으로 가득한 독서 기록장을 본 선생님은 놀란 듯 말씀하셨어요.

"은우야, 네 기록장은 정말 특별하구나! 너만의 방식으로 책을 잘 표현했어."

은우는 뿌듯했어요. 정해진 방법만이 정답이 아니라는 것을 알게 되었지요. 어려움도 자신만의 방법으로 극복할 수 있다는 자신감이 생겼답니다.

*줄거리 글의 내용이나 이야기의 중심이 되는 내용.

*말풍선 만화에서, 주고받는 대사를 써넣은 풍선 모양의 그림.

밑줄 친 부분을 쓱쓱 따라 써 봐요

읽고 쓴 날 월 일

한 줄 일기를 쓰고 쑥쑥 마음을 키워요

37 서투르고 어려워도 노력해요

유나는 엄마에게 특별한 생신 선물을 드리고 싶었어요. 곰곰이 고민한 끝에 직접 짠 목도리를 선물하기로 했지요.

유나는 유튜브를 보며 목도리 짜는 법을 하나씩 따라 했어요. 먼저 바늘에 실을 엮어 코를 만드는 방법부터 배웠어요. 그다음 바늘을 교차하며 *겉뜨기하는 방법을 익혔고요. 겉뜨기를 반복하다 보니 점점 목도리 모양이 나왔어요.

그런데 목도리를 마무리하는 코막음을 할 때는 영상을 봐도 쉽지 않았어요. 결국 유나는 털실을 산 가게로 찾아갔어요.

"사장님, 목도리 마무리하는 방법 좀 알려 주세요."

"엄마 생신 선물로 목도리를 짜다니 기특하구나. 그래, 내가 가르쳐 줄게. 아주 쉽단다."

유나는 며칠 동안 털실과 씨름한 끝에 마침내 목도리를 완성했어요. *서투른 실력이라 조금 삐뚤빼뚤했지만 세상에 하나밖에 없는 특별한 목도리를 짠 거예요. 유나는 선물을 받고 기뻐할 엄마를 생각하니 자신이 짠 목도리가 더욱 빛나 보였답니다.

*__겉뜨기__ 대바늘 두 개를 사용하여 코를 겉으로만 감아 떠 나감. 또는 그 뜨개질법.

*__서투른__ 어떤 것에 미숙하거나 잘하지 못하는.

밑줄 친 부분을 쓱쓱 따라 써 봐요

읽고 쓴 날 월 일

한 줄 일기를 쓰고 쑥쑥 마음을 키워요

38 끈기 있게 해 봐요

지웅이는 영어가 너무 어려웠어요. 특히 영어 단어 외우기가 쉽지 않았어요. 외국에서 살다 온 친구들이 영어 책을 술술 읽는 것을 보면 부럽기만 했지요.

"나도 영어 잘하고 싶은데……."

고민 끝에 지웅이는 결심했어요.

"하루에 영어 단어 하나씩만 꼭 외워야지!"

지웅이는 끈기 있게 매일매일 영어 단어를 하나씩 외워 나갔어요. 처음에는 금세 까먹었지만, 공책에 여러 번 쓰고, 입으로 중얼거리다 보니 잘 외워졌어요. 그렇게 꾸준히 하다 보니 아는 단어가 하나둘 쌓여 갔지요.

일 년이 지난 지금, 지웅이는 영어로 된 책을 *곧잘 읽을 수 있게 되었어요. 아직 모르는 단어가 더 많지만, 일 년이라는 시간 동안 *끈기 있게 노력했다는 것이 지웅이에게 큰 힘이 되었어요. 지웅이는 더욱 자신감이 생겼지요.

"내년에는 더 많은 단어를 외울 수 있겠지? 꾸준히 하면 내 영어 실력이 분명 더 늘 거야."

*곧잘 제법 잘.

*끈기 쉽게 포기하지 않고 계속해서 참고 견디는 성질.

밑줄 친 부분을 쓱쓱 따라 써 봐요

읽고 쓴 날 월 일

한 줄 일기를 쓰고 쑥쑥 마음을 키워요

39 친구들과 힘을 모아요

학예회 때 우리 반은 케이팝 춤 공연을 하기로 했어요. 하지만 막상 연습을 시작하니 쉽지 않았어요. 동작이 자꾸 엉키고, 박자를 맞추기 어려워하는 친구들도 있었어요.

"이러다 망하면 어떡하지?"

친구들의 걱정은 늘어 갔어요. 특히 내성적인 수진이는 무대에 서는 것이 두려워 *울먹이기도 했어요. 그런 수진이를 미호가 *다독였어요.

"괜찮아, 우리 힘을 모아 다시 연습해 보자! 수진아, 네가 있어야 무대가 더 빛나."

친구들은 실수가 있어도 웃으며 고쳐 주고, 잘하는 친구는 춤을 잘 못 추는 친구들을 챙기며 도왔어요. 서로를 응원하는 목소리가 연습 내내 가득했지요.

드디어 학예회 날, 우리 반 차례가 되었어요. 무대에서 음악이 흘러나오고, 우리는 연습한 대로 멋지게 공연을 해냈어요.

관객석에서 쏟아진 박수 소리에 우리는 서로를 바라보며 웃었어요. 친구들과 힘을 모아 만들어 낸 무대라 더 특별하고 소중하게 느껴졌답니다.

*울먹이기도 울상이 되어 자꾸 울음이 터져 나오려고 하기도.

*다독였어요 남의 연약한 점을 감싸고 달랬어요.

밑줄 친 부분을 쓱쓱 따라 써 봐요 읽고 쓴 날 월 일

한 줄 일기를 쓰고 쑥쑥 마음을 키워요

40 목표를 달성해요

2학기가 시작되자 소진이는 다짐했어요.

"올해가 끝나기 전에 꼭 책 스무 권을 읽어야지!"

처음에는 열심히 책을 읽었지만, 며칠이 지나니 점점 게을러졌어요. 숙제도 많고, 놀고 싶은 마음도 커졌거든요. 그래도 소진이는 포기하지 않았어요. 하루에 조금씩이라도 읽기로 *마음먹었지요. 잠들기 전 몇 쪽, 쉬는 시간에 한두 쪽씩 읽기도 했어요.

그렇게 꾸준히 읽다 보니 읽은 책이 점점 쌓였어요. 또 여러 종류의 책을 읽으니 책 읽기가 더 재밌게 느껴졌어요. 책 속에서 새로운 *모험을 하고, 여러 친구도 만나고, 몰랐던 사실도 알게 되었지요.

어느새 겨울이 되고, 소진이의 책장에는 스무 권의 책이 나란히 꽂혀 있었어요.

"우아, 내가 해냈어!"

아빠도 놀라며 말씀하셨어요.

"소진아, 대단하다! 정말 목표를 달성했구나."

소진이는 환하게 웃었어요.

"다음 목표는 무엇으로 할까? 책 백 권 읽기?"

* **마음먹었지요** 마음속으로 어떤 일을 하겠다고 결심하거나 생각했지요.

* **모험** 힘들거나 위험할 줄 알면서도 어떤 일을 함.

밑줄 친 부분을 쓱쓱 따라 써 봐요

읽고 쓴 날 월 일

한 줄 일기를 쓰고 쑥쑥 마음을 키워요

쑥쑥쑥쑥
낱말 놀이

선으로 연결하여 문장을 만들어 봐!

다음 내용을 읽고, 어울리는 말을 선으로 연결하여 문장을 완성해 보세요.

어제 읽은 책의

나는 친구들 앞에서 너무 떨려서

호서는 내가 힘들 때 따뜻한 말로

다독여

울먹이는

줄거리가

정말 재미있었어요.

목소리로 노래를 불렀어요.

주는 소중한 친구예요.

쓱쓱 따라 쓰며
쑥쑥 마음을 키웠나요?

언제든지 다시 펼쳐 보고
내 마음의 소리를 들어 보세요.

쑥쑥쑥쑥

낱말놀이

정답

1장

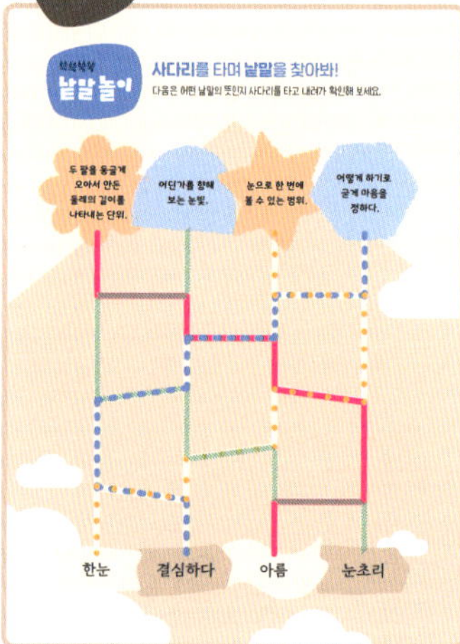

2장

3장

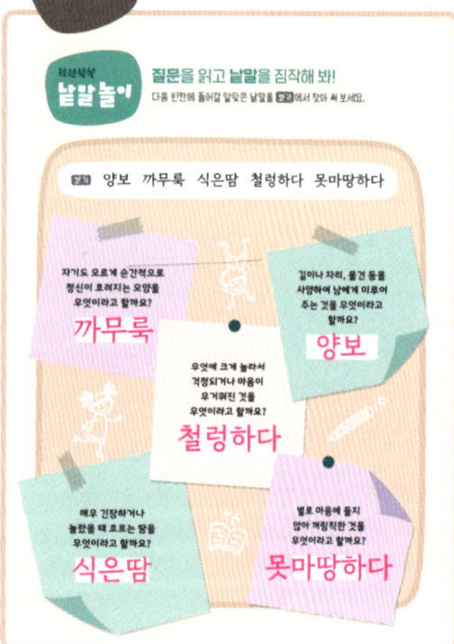

4장

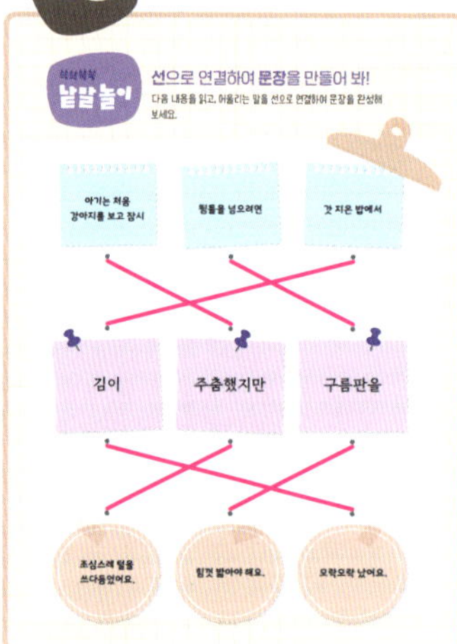

5장

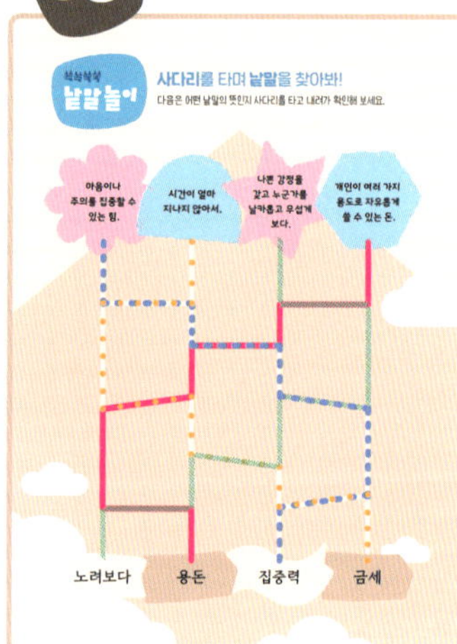

6장

7장

8장

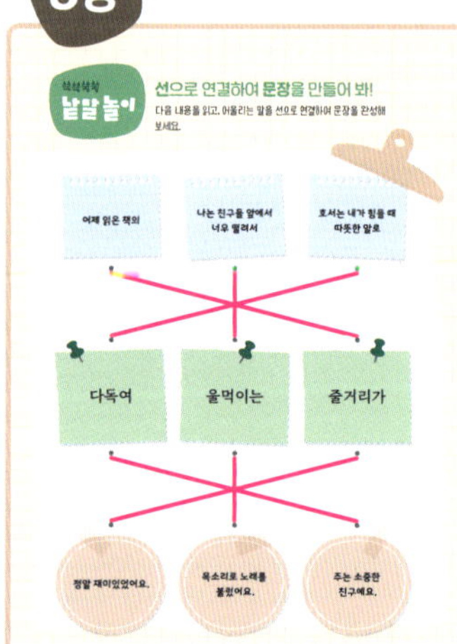

쓱쓱 따라쓰고 쑥쑥 성장하기 4 성장

파릇파릇 성장하는 나

펴낸날 2026년 1월 1일(초판 1쇄)

펴낸이 주민홍 **펴낸곳** (주)NE능률

주소 서울시 마포구 월드컵북로 396(상암동) 누리꿈스퀘어 비즈니스타워 10층

대표전화 02-2014-7114 **홈페이지** www.neungyule.com

글 이현정, 김서나경, 왕입분

그림 루루, 명하나, 혜경, 유현진, 김경진, 지효진, 정희정, 윤희재

개발책임 장명준 **개발** 류예지, 이해준, 최수미, 박수희

디자인책임 오영숙 **디자인** 안훈정, 조가영, 장수현 **제작책임** 한성일

등록번호 제1-68호

ISBN 979-11-253-5120-7 **SET** 979-11-253-5116-0